D'UNE INSTITUTION

DE

CRÉDIT FONCIER.

Imprimerie de Hennuyer et Cᵉ, rue Lemercier, 24.
Batignolles.

D'UNE INSTITUTION

DE

CRÉDIT FONCIER

PAR

M. ADOLPHE BRIEL,

Auteur des Études sur le scrutin de liste, etc., etc.

> La Société favorise et encourage les institutions de prévoyance et de crédit, les institutions agricoles, etc. (Art. 13, *Constitution de 1848.*)

> Tout système financier doit se réduire désormais à ce problème : Soulager les classes pauvres.
> (L.-N. BONAPARTE, *ses OEuvres*, t. I, p. 42.)

> Il est temps, je le reconnais, que l'agriculture, comme le commerce et l'industrie, obtienne ses institutions de crédit.
> (L. FAUCHER, à l'Assemblée.)

PARIS

A LA LIBRAIRIE AGRICOLE DE LA MAISON RUSTIQUE,

Rue Jacob, 26.

1849

Paris, ce 15 avril 1849.

Il y a plus de dix mois que j'ai rédigé le projet qu'aujourd'hui je livre à mes concitoyens, sous ce titre : *D'une institution de Crédit foncier.*

Ai-je tant retardé cette publication par modestie, amour-propre, ou négligence? Nullement; en voici le motif.

Dans un moment où tous les bons esprits tournent leurs recherches vers la régénération et la prospérité de notre agriculture, où les populations de nos campagnes appellent de tous leurs vœux des institutions de crédit foncier, où nos gouvernants, remplis de bonnes intentions, sont prêts à décréter l'application d'une idée simple et pratique, j'espérais que des hommes plus compétents que moi trouveraient un système qui répondît aux vues de tous les intéressés.

Un grand nombre de projets ont été, depuis huit mois, discutés dans les journaux ou remis à l'Assemblée nationale, aux Comités de l'agriculture et à celui du travail; aucun d'eux n'a survécu après un examen profond. Un instant, celui de M. Alexandre Martin avait été accueilli avec faveur; je m'applaudissais, j'aurais gardé le silence; mais il vient d'être rejeté par le Comité chargé de l'approfondir. Le sera-t-il par l'Assemblée? M. Langlois, représentant, avait édité un projet qui n'aura pas les honneurs de la discussion publique. Que reste-t-il? Une proposition de M. Wolowski, qui, je le crains, aura le même sort que celle de M. Langlois.

Lorsque tant d'intelligences supérieures ont échoué, il est bien téméraire et bien présomptueux d'entrer en lice. Néanmoins, je le fais, et non-seulement je ne trouverai rien de blessant pour mon amour-propre dans un rejet pur et simple, mais je m'honorerai de partager le sort de si honorable compagnie.

Ceux qui, déjà, ont bien voulu me lire, doivent être persuadés à l'avance que je serai, encore une fois, court et concis; je donnerai mon projet, et, sans longuement éclairer la discussion, j'en développerai brièvement les principaux motifs; je m'adresse surtout aux intelligences familières avec ce sujet; elles suppléeront à la lettre par leur esprit.

Adolphe BRIEL.

D'UNE INSTITUTION

DE

CRÉDIT FONCIER.

Avant d'entrer dans le développement de la grande institution de crédit foncier que je propose, je dois donner de suite dans tous ses articles la proposition que je soumets aux esprits compétents et à tous ceux qui s'intéressent de cœur et d'âme, non-seulement à la prospérité de notre agriculture, mais encore àla solution du grand problème du paupérisme.

J'entrerai ensuite dans l'exposition et l'explication des rouages de cette institution centralisant, au profit de tous, l'épargne privée pour l'empêcher de s'aventurer dans les sentiers périlleux de la spéculation.

DISPOSITION GÉNÉRALE.

Sous le titre de *Caisse d'épargne, Agricole* et de *Retraite* est fondée à Paris une grande institution de crédit foncier.

CAISSE D'ÉPARGNE, AGRICOLE ET DE RETRAITE.

Le but de la Caisse d'épargne, Agricole et de Retraite est de prêter à l'agriculture par hypothèque les sommes déposées à la caisse par l'épargne privée.

DISPOSITIONS PARTICULIÈRES.

Le siége central de l'institution est fixé à Paris.

Le directeur est nommé pour quatre ans par le Président de la République.

Les règlements d'administration, et d'admission quant aux fonctions, sont faits par le Conseil d'Etat.

L'institution est entièrement distraite du Trésor et se partage en trois grandes divisions :

La Caisse d'épargne,

La Caisse agricole,

La Caisse de retraite,

et chacune d'elles est régie par les articles qui suivent.

TITRE I.

De la Caisse d'Epargne.

ARTICLE PREMIER. La Caisse d'épargne reçoit et rembourse à dix jours de vue toute somme de 1 fr. à 100 fr.

ART. 2. Elle reçoit pour un an au moins et vingt-cinq ans au plus toute somme de 100 fr. et au-dessus.

Art. 3. L'intérêt est en progression directe avec la durée du placement, sans qu'il puisse excéder 6 pour 100 et être moindre de 3 pour 100.

Art. 4. La Caisse d'épargne délivre un livret au dépositaire d'une somme au-dessous de 100 fr., et pour chaque dépôt supérieur à 100 fr., un titre au porteur portant intérêt payable par trimestre.

Art. 5. L'Etat garantit l'intérêt et le capital.

Art. 6. Des Caisses d'épargne seront établies dans tous les chefs-lieux de canton, et des succursales dans toutes les communes de France, suivant les lois et règlements ordinaires qui ne sont pas contraires aux articles précédents.

TITRE II.

De la Caisse Agricole.

Art. 7. La Caisse agricole prête en première hypothèque, pour un an au moins et vingt-cinq ans au plus, une somme de 500 fr. au maximum et de 100 fr. au minimum à un même emprunteur.

Art. 8. Les prêts seront faits à mesure et suivant la durée des dépôts et versements faits à la Caisse d'épargne et à la Caisse de retraite.

Art. 9. L'intérêt est en progression directe à la durée du prêt, sans qu'il puisse excéder 6 pour 100.

Art. 10. Le montant du prêt égalera la moitié du

capital formé à raison de 100 fois la cote foncière payée da s les dix dernières années.

ART. 11. Les recouvrements des intérêts et du capital à leurs échéances seront opérés dans les formes ordinaires et sans frais par le percepteur des contri-butions, sur bordereau délivré par la Caisse agricole, et versés dans les caisses des receveurs généraux et particuliers.

ART. 12. Les propriétaires à qui la Caisse agricole accordera des prêts lui donneront inscription sur leurs biens présents et à venir, et cette inscription , en aucun cas, ne pourra être primée par les priviléges ou hypothèques légales, ni par aucune autre hypo-thèque antérieure ni postérieure.

ART. 13. Si le débiteur manque à une ou plusieurs conditions du prêt, l'obligation devient immédiate-ment exigible.

La Caisse poursuit alors et vend elle-même aux enchères publiques, dans les formes et délais déter-minés par règlement du Conseil d'Etat.

ART. 14. L'article 2127 du Code civil, portant que l'hypothèque conventionnelle ne peut être consentie que par acte passé en forme authentique devant deux notaires, ou devant un notaire et deux témoins, n'est pas applicable aux Caisses agricoles.

ART. 15. Les droits d'enregistrement, de timbre et de signification sont abolis pour tous les actes, minutes, quittances, poursuites, actes de vente et tous autres faits et délivrés exclusivement par la

Caisse agricole dans les formes et délais ordinaires, et pour lesquels elle recevra un droit fixe de 1/2 p. 100 par an.

Art. 16. Les conservateurs d'hypothèques inscriront et radieront les créances de la Caisse agricole dans les formes et délais ordinaires, en délivreront aux ayants droit des extraits sur papier libre, et recevront pour tous frais 1 franc de chaque emprunteur.

Art. 17. Dans chacune des Caisses agricoles, il sera nommé un contrôleur qui aura droit de refuser les prêts consentis par la Caisse, et qui sera entièrement responsable des actes de stellionat faits par les emprunteurs au préjudice de la Caisse agricole.

Art. 18. Des Caisses agricoles seront établies, aux frais de l'Etat, premièrement dans les chefs-lieux de canton des départements les moins imposés suivant la population, et par la suite, dans tous les chefs-lieux de canton de la France.

TITRE III.

Des Caisses de Retraite.

Art. 19. La Caisse de retraite reçoit, sans rembourser, les sommes depuis 1 fr. jusqu'à 5,000 fr., et capitalise les intérêts au taux de 5 p. 100. Elle remet un livret incessible et insaisissable à chaque déposant.

Art. 20. Elle constitue des rentes viagères, à l'âge de cinquante-cinq ans, au taux de 8 p. 100; à l'âge de soixante-dix ans, au taux de 10 p. 100. Les rentes

**

viagères sont payables d'avance, de trois mois en trois mois.

Art. 21. Moitié de la rente viagère est payée au survivant des deux époux, si le mariage remonte à quinze ans au moins, quand le déposant a atteint l'âge de cinquante-cinq ans.

Art. 22. Moitié de la rente viagère est payée au survivant des deux époux quand il a atteint l'âge de cinquante-cinq ans, si le mariage remonte à quinze ans au moins, lors du décès du déposant avant l'âge de cinquante-cinq ans.

Art. 23. Si le déposant meurt avant l'âge de cinquante-cinq ans, la Caisse remet un livret à ses héritiers, autres que l'un des conjoints, pour jouir en son temps des bénéfices de l'article 20.

Art. 24. Celui en faveur de qui la rente viagère sera instituée justifiera de son existence, en présentant une première fois un certificat de vie délivré par un notaire, et visé gratuitement aux échéances suivantes par le maire de sa commune.

Art. 25. L'Etat garantit le payement des arrérages des rentes viagères de la Caisse de retraite.

Art. 26. Des Caisses de retraite seront établies dans tous les chefs-lieux de canton, et des succursales dans toutes les communes de France, suivant les lois et règles suivies pour l'établissement des Caisses d'épargne, et qui ne sont pas contraires aux précédents articles.

Après la lecture de mon projet, je n'ai pas besoin de faire remarquer que je voudrais voir réunies en une seule institution et les Caisses d'épargne, et les Caisses agricoles, et les Caisses de retraite ou de prévoyance. Mes sympathies sont depuis longtemps acquises aux Caisses déjà existantes, je ne veux que les compléter en les réunissant les unes aux autres. Je dois néanmoins compte et du but que je poursuis et des moyens qui me semblent indispensables.

Quant aux Caisses d'épargne, je ne veux changer en rien leur première destination, telle que l'a déterminée l'honorable Benjamin Delessert, dans son rapport annuel de 1844.

« Les Caisses d'épargne sont instituées pour faci-« liter les versements des petites économies. »

Quant aux Caisses agricoles, le but que je poursuis est bien marqué par les paroles suivantes de M. Loreau (¹) : « Aplanir les obstacles qui s'opposent à la « direction des capitaux vers la propriété foncière, « aujourd'hui si riche et pourtant si dénuée de ca-« pitaux. »

Quant aux Caisses de retraite (²), mon but inces-

(¹) Dont l'ouvrage sur le crédit foncier me paraît être ce qu'il y a de plus remarquable en cette matière, et dans lequel j'ai puisé avec profit et à pleines mains.

(²) Leur rôle est bien défini par ces mots de M. E. de Girardin, qui rendent si complétement ma pensée : « Fonder sur l'é-« pargne individuelle la prévoyance sociale. »   (19 mai 1849.)

sant, avoué, est justement pressenti dans les paroles suivantes :

« Assurer à tout homme honnête le moyen de
« vieillir et de mourir chez lui au sein de sa famille
« en ne lui demandant qu'un léger sacrifice.

(Débats, 1848.)

Voilà les buts que je poursuis ; quant aux moyens à employer, je m'en expliquerai d'une manière aussi nette, aussi catégorique.

Et je le dis d'avance, que ceux qui sont pénétrés de ce saint respect qui ne leur permet pas le moindre changement à la législation existante pour y faire pénétrer les progrès que le temps et la raison amènent à leur suite, ne me suivent pas ; car pour atteindre aux buts que je viens d'exposer, il faut, quant aux Caisses d'épargne, rénover l'institution sans perdre de vue son but primitif ; quant aux Caisses agricoles, il faut hardiment toucher à notre législation hypothécaire, et quant aux Caisses de retraite, l'intervention et la responsabilité de l'État me semblent indispensables.

DES CAISSES AGRICOLES ([1]).

Je me dévoue de cœur et d'âme à l'établissement des Caisses agricoles ; elles intéressent, non-seulement la population la plus nombreuse, mais aussi la plus méritante ; celle qui ne réclame pas, quand le

([1]) Je commence par développer les Caisses agricoles, car elles sont ma clef de voûte, le trait d'union des Caisses d'épargne et de retraite.

sol tremble des plans d'organisation du travail ; qui
ne connaît pas, même de nom, les coalitions et les
grèves, et qui, comme instruments de travail, associe
fraternellement les sueurs et la vie de ses familles, la vigueur de leurs bras, l'amour du travail.
Qui ne serait heureux, au prix de longues veilles,
d'avoir trouvé une idée pratique, essentielle à l'ave-
nir de ces honnêtes travailleurs de la terre qui, je l'ai
dit, forment une population si nombreuse ?

D'après M. Loreau, directeur des domaines à Poi-
tiers, nous avions, en 1841, 8 millions de petits propriétaires du sol, payant une cote foncière de 25 fr.
et au-dessous, et dans ces 8 millions, 5 millions
payent une cote foncière de 5 fr. et au-dessous.

D'après M. Troplong, de l'Institut, sur 4 millions
800 mille chefs de famille, 3,900,000 payent une
cote foncière de 25 fr. et au-dessous. A 4 personnes par famille, nous trouvons, suivant M. Loreau,
20 millions, suivant M. Troplong, 15 millions, et
suivant d'autres statisticiens, 24 millions de personnes
que les Caisses agricoles peuvent intéresser, et qui
obtiennent, comme les commerçants et les indus-
triels, des institutions de crédit.

Je répète que pour fonder des Caisses agricoles
viables, il faut hardiment toucher à notre législation hypothécaire, parce que le système hypothécaire actuellement en vigueur a été imaginé pour
une aristocratie territoriale, et non pour une démo-
cratie territoriale.

L'hypothèque conventionnelle ayant son origine

dans le prêt d'une minime somme est l'usure léga-
lisée, est le chemin le plus court à la ruine et à l'expropriation du petit propriétaire. S'agit-il pour l'un
d'eux d'emprunter pour un an une somme de 400 fr.,
il aura à compter, pour l'emprunt et le remboursement, 13 sortes de frais (¹).

1° La minute de l'obligation...................	5 f.	00
2° Le droit d'enregistrement...................	5	50
3° Le timbre, minute et expédition...........	3	20
4° L'expédition, ordinairement trois rôles.......	4	50
5° Les bordereaux de créance	3	70
6° Pour l'inscription, environ	3	00
7° Pour vérifier la situation hypothécaire de l'emprunteur, environ	3	00
8° Minute de la quittance...................	5	00
9° Enregistrement...........................	2	75
10° Timbre	2	85
11° Expédition et extrait au conservateur........	3	00
12° Radiation de l'inscription	1	35
13° Intérêt d'une somme de 400 fr. à 5 pour 100 (ce qui est bien rare)...................	20	00
On payera	62 f.	85

pour emprunter 400 fr. pour un an, soit un intérêt
de 15 fr. 70 pour 100 par an, soit un intérêt de
10 et 1/2 pour 100 pour deux ans; s'agit-il d'une
somme de 2 ou 300 fr., l'intérêt arrivera à près de
19 pour 100. Et que l'on remarque bien que plus la

(¹) D'après M. Loreau, 1843.

somme empruntée est minime, c'est-à-dire l'emprunteur malheureux ou pauvre, plus l'intérêt est élevé. Et, il faut le dire avec peine, d'après les registres des conservateurs des hypothèques, il y a tous les ans 6 à 800 mille emprunteurs de ces petites sommes à des taux aussi exagérés.

Moralistes de tous les régimes, je vous en prie, ne déclamez plus contre l'usure. Qui hésiterait entre les 10 pour 100 de l'usurier de village et les 15 à 20 pour 100 du notaire ? J'ai donné mon projet, et l'on peut vérifier, d'après lui, ce qu'il en coûterait, à la Caisse agricole, pour emprunter une même somme de 400 fr.

1° Intérêts à 5 pour 100................	20 fr.
2° Inscription et radiation de l'obligation..	1
3° Frais d'acte.........................	2
On payera.............	23 fr.

pour emprunter 400 fr. par an, soit un intérêt de 5 3/4 pour 100 par an, au lieu de 15 fr. 70 pour 100, suivant le mode actuel.

Certains incrédules nieront de pareilles énormités dans le taux des intérêts ; *personne*, diront-ils, *n'emprunte à si haut prix*, à 15 et à 19 pour 100. Je le désirerais bien, et alors je me plaindrais que la loi, par son luxe de formalités et de frais, interdise en quelque sorte le placement des petits capitaux. D'un autre côté, avec une pareille assurance, on me rend la conscience tranquille ; car si des prêts d'une importance

de 100 à 500 fr. n'ont pas lieu par l'entremise d'of-
ficiers publics, ma proposition n'aura pas contre elle
la corporation si puissante des notaires ; elle ne leur
fera aucun tort, elle ne viendra pas leur enlever des
affaires qui répugneraient à leur caractère.

Avec ces derniers, les esprits pratiques qui, comme
moi, croient à l'existence des intérêts énormes que je
signale, soutiendront un projet qui pourra réformer
radicalement de tels abus. J'espère donc, en cette
circonstance, avoir tout le monde avec moi, ce qui
est rare dans tous les temps.

Je constate de nouveau que mes Caisses agricoles
sont essentiellement démocratiques dans ma pensée ;
que, premièrement et exclusivement, elles ne doivent venir au secours que des petites fortunes, des
petits propriétaires, des petits emprunteurs ; qu'elles
doivent prêter à ceux qui n'avaient pu emprunter ou
qui n'avaient pu emprunter qu'à des taux usurai-
res (¹). Notre législation hypothécaire, quant au taux
de l'intérêt, formé par la réunion de tous les frais,
est surtout écrasante pour l'emprunteur d'une minime somme ; le grand emprunteur, je le reconnais,
n'est pas touché aussi lourdement ; le long cortége
de frais se répartit sur des sommes plus fortes, et
pour lui l'intérêt est moins dur, moins élevé ; il n'y a
pas pour ce dernier autant d'urgence que pour le
petit emprunteur à être exonéré le plus possible et le
plus tôt possible.

(¹) Expression de M. Léon Faucher, *Du Crédit foncier*.

Bien avant que le mot de réforme fût à l'ordre du jour, celle de la législation hypothécaire était sur le tapis. Notre Code hypothécaire fut touché et remanié presque à sa naissance. Casimir Périer, en 1826, fit appel à toutes les intelligences, et, de 1841 à 1846, une Commission, nommée par le ministre de la justice, s'est occupée de sa révision, après avoir consulté la Cour de cassation, les Cours royales et toutes les Facultés de droit de France.

Et en 1847, 48, et même 49, on dit avec candeur : La réforme est à la veille de s'accomplir. J'en prends acte avec un ferme espoir, et je n'en persiste pas moins à supplier nos législateurs de doter l'agriculture d'institutions de crédit. Qu'est-ce donc que cette réforme de la législation hypothécaire que j'appelle de mes vœux tout le premier, et à laquelle je ne crois pas devoir sacrifier mon projet, parce que je soutiens qu'il est entièrement distinct de la réforme hypothécaire?

Les hommes les plus compétents, les plus capables, n'ont qu'un cri, qu'une plainte uniformes dans toutes les bouches. Il faut remédier, disent-ils, aux piéges, aux défectuosités, aux lacunes, aux lenteurs dans les formalités, à leur nombre, à leur volume, à l'incertitude dans les écritures, aux mille embarras, aux mille retards, aux frais démesurés, ruineux, qu'entraînent les prescriptions contenues dans le titre des hypothèques du Code civil.

Ses principaux effets sont, 1° de faire que la terre ne présente pas un gage certain ; que la loi ne donne pas les moyens de s'assurer de l'existence des titres

de propriété, et dès lors la terre peut être revendi-
quée par d'autres.

2° L'inscription hypothécaire est partielle au lieu
d'être générale ; dès lors la situation de l'emprunteur
n'est pas connue ; une hypothèque légale que l'on
n'a pu prévoir ou que l'on a su dissimuler vous ex-
pose à être évincé.

3° L'inscription hypothécaire n'a pas de publicité,
et dès lors toutes les dettes de la propriété ne sont
pas au soleil, suivant l'heureuse expression de
L. Faucher.

4° Les transferts sont difficiles, coûteux, presque
impossibles.

5° L'expropriation conduit à des résultats ruineux
pour les deux parties.

Chacun apporte son remède ; les uns veulent la
transcription hypothécaire de tous les actes de la
propriété ; les autres, que l'hypothèque légale et
même judiciaire soit soumise à l'inscription, et l'hypothèque, en général, à la publicité ; quelques-uns,
plus hardis ou plus imprudents, exigent la suppres-
sion de l'hypothèque légale, qu'ils qualifient d'hypothèque latente ; mais tous s'entendent pour diminuer
fortement les frais de tous genres qui grèvent si
fort toutes les stipulations hypothécaires. Eh bien !
ceux qui ont lu avec attention mon projet verront
qu'en trois points au moins il leur donne satisfaction
dans la mesure que permet l'état déplorable de nos
finances.

Quant aux autres sujets de réclamations, je m'ac-

corde avec eux pour dire : Oui, la révision est né-
cessaire, urgente. Quand se fera-t-elle d'une manière complète ? Quand trouvera-t-on le moyen
souverain, le meilleur pour écarter toutes ces défectuosités? Je crains que bien du temps ne s'é-
coule encore avant que la réforme s'effectue. Mais
se ferait-elle dès demain, que j'offrirais encore à mes
concitoyens mon projet d'une *Institution de crédit
foncier*. Pourquoi? Parce que, dès aujourd'hui, dimi-
nuerait-on de moitié les formalités et les frais d'emprunt hypothécaire, que le taux de l'intérêt serait encore lourd et écrasant pour les petits emprunteurs.
Dès aujourd'hui trouverait-on un moyen complet
de rendre les transferts faciles et peu coûteux, le
placement hypothécaire bien garanti, à l'abri de tout
risque, que rien n'est moins certain que de voir les
capitaux s'acheminer vers la petite propriété, les
emprunteurs des petites sommes trouver facilement
des prêteurs et avoir enfin à leur disposition une
dotation (¹) telle que celle que je veux leur donner
sans embarras et sans danger pour l'Etat.

(¹) « Si diverses banques agricoles, dont l'essai a été fait, à
différentes époques, dans presque tous les pays, se sont écroulées
plus ou moins rapidement, dit Jean-Baptiste Say, c'est qu'au
lieu de procurer de la monnaie à l'emprunteur, elles lui don-
naient du papier; si un manufacturier, au lieu d'argent, ne
peut recevoir qu'un papier représentant une terre, comment,
avec ce papier, payera-t-il ses ouvriers, des ouvriers qui atten-
dent leur salaire pour acheter le dîner de leurs enfants? »

Et plus loin :

« Ce qu'une banque pourrait prêter avec beaucoup d'avan-

Le problème est donc de faire déverser sur l'agriculture les sommes versées par l'épargne privée, et
j'obtiens ce grand affluent au moyen des Caisses d'é-
pargne et des Caisses de retraite, qui apporteront aux
Caisses agricoles, sans moyen violent, sans cours
forcé, des capitaux jusqu'alors dissipés, ou inertes, ou
spéculateurs.

J'ai apprécié dans ses résultats généraux l'influence
de l'établissement des Caisses agricoles. Je renvoie à
mon projet pour examiner les détails d'exécution,
quant au placement de ces fonds. Un point seul reste
à définir, c'est la responsabilité de l'Etat, comme
garant des fonds déposés aux Caisses d'épargne et de
retraite, et placés par la Caisse agricole en créances
hypothécaires. A cet égard il s'agit de n'être ni trop
confiant ni trop défiant. Je crois qu'en suivant à la
lettre les prescriptions contenues dans les articles

tages pour l'industrie agricole, ce serait son fonds capital. On ne
saurait douter que si les 90 millions qui composent le fonds
capital de la Banque de France eussent été prêtés aux agricul-
teurs français, avec hypothèque sur leurs biens, à la charge par
eux d'employer ces avances en améliorations, et de les rendre par
petites portions d'année en année, on ne saurait douter, dis-je,
qu'il n'en fût résulté d'immenses avantages pour l'industrie agricole. Les rentrées annuelles faites à la Banque lui auraient fourni
les moyens de fertiliser chaque année de nouveaux fonds de
terre, avec toute sûreté pour les actionnaires de la Banque, et
avec la même garantie pour les porteurs de billets. »

(J.-B. Say, *Cours d'économie politique pratique*, p. 480, t. I.)

L'institution que je propose ne met-elle pas en action les vœux
formulés dans ces dernières lignes ?

10, 11 et 13, toute chance de perte peut être écartée ; l'article 10, dont je recommande ici l'application rigoureuse, indique que la Caisse agricole, pour établir la valeur vénale de la propriété, prendra la cote foncière pour base d'évaluation, et, en vérité, je ne connais rien qui puisse nous donner cette valeur d'une manière plus exacte. En effet, les financiers et les agronomes les plus compétents assurent que l'impôt foncier représente un peu plus du septième du revenu, c'est-à-dire qu'en multipliant la cote foncière par 7 l'on aura le revenu d'une propriété, et dès lors il est facile d'en fixer très-approximativement la valeur. En voici un exemple. Une cote foncière de 5 fr. représente un revenu brut de 35 fr. ou un revenu net de 30 fr., qui, à 5 pour 100, donne une propriété d'une valeur de 600 fr. ; à 4 pour 100, une valeur de 750 fr., et à 3 pour 100 (intérêt ordinaire en propriétés rurales), une valeur de 1,000 fr. La Caisse agricole, en se conformant à l'article 10, formera le capital à raison de 100 fois la cote foncière, et le montant du prêt égalera la moitié du capital. La cote de 5 fr., multipliée par 100, donne un capital de 500 fr., dont la moitié, montant du prêt, égalera 250 fr. Qu'y a-t-il d'aventureux, de hasardeux dans une pareille opération ? J'engage aussi à diviser le plus possible le nombre et la quotité des sommes à placer. Quant à l'administration, les Caisses d'épargne et de retraite ne coûtent et ne coûteront rien à l'Etat. Le service continuera à être fait gratuitement, comme par le passé. Les Caisses agricoles auront seules besoin d'avoir une administration permanente. Le 1/2 pour 100 que payera l'emprunteur suffira-t-il à payer les frais d'administration ? J'ose le croire ; et du reste, en coûterait-il quelque chose au pays, que, sans considérer les résultats moraux de l'institution, l'Etat ne devrait pas hésiter à s'y engager. Dans l'hypothèse contraire, ne garderait-il pas improductivement dans ses coffres les épargnes du pays, et ne devrait-il pas payer un intérêt d'au moins 5 pour 100?

DES CAISSES D'ÉPARGNE.

Les Caisses d'épargne, dont j'approuve de tout cœur l'institution, exposent l'Etat et les prêteurs eux-mêmes à un grand danger par les demandes immédiates de remboursement auxquelles elles sont exposées. Nous venons d'en faire la triste expérience. Le Trésor n'a pu faire honneur à ses engagements, le prêteur n'a pu rentrer dans son avoir. D'un côté, si l'on immobilise les fonds des caisses dans les coffres de l'Etat, c'est pour lui une cause permanente de déficit. Si, au contraire, on les mobilise, ils ne sont plus à la disposition des déposants, leur garantie disparaît, leur avoir est exposé.

Reconnaissons-le, la confiance aux Caisses d'épargne est perdue pour longtemps (¹), car après une telle

(¹) Ceci était écrit au milieu de l'année 1848 ; dans ce moment, des versements assez considérables se font chaque semaine. Y a-t-il ou n'y a-t-il pas danger à laisser grossir sans cesse cette dette flottante? Voici la question en un mot.

secousse l'institution est ébranlée, elle ne peut plus exister sur les bases actuelles ; dans l'intérêt même des déposants, de l'Etat, et aussi dans celui des contribuables, les Caisses demandent un remaniement complet dans leur *organisation*, surtout si l'on veut fermement ramener la confiance à cet établissement si recommandable et établir sur une base solide l'épargne privée.

Le plus grand danger, chacun le reconnaît, est celui que fait courir la demande inattendue de remboursement ; c'est à quoi il faut parer de suite. La loi de 1844 l'avait bien prévu en établissant un maximum de dépôt, mais elle n'a pas empêché la catastrophe ; il faut donc réduire ces demandes immédiates de remboursement à la moindre somme, car il est impossible de conserver une base si dangereuse. Qu'un danger immédiat se révèle demain, qu'une crise financière ou commerciale éclate en Europe, et la catastrophe de 1848 se renouvelle ; il faudra refuser aux nouveaux déposants le remboursement total de leurs nouveaux dépôts, et leur remettre des coupons de rente qui font de l'Etat un emprunteur à 8 et 10 pour 100.

Je ne crains pas que l'institution disparaisse ; du moment qu'elle gagnera en sécurité, la confiance s'accroîtra d'autant.

Je n'ai pas établi de maximum de dépôt, puisqu'à 100 francs et au-dessus la Caisse d'épargne ne reçoit qu'à échéance fixe, et que, d'un autre côté, si nous avons un emploi sûr et excellent de ces fonds, s'ils ne peuvent être qu'un moyen de prospérité pour le pays, nous n'en aurons jamais de trop.

On remarquera qu'aux déposants des sommes de 100 francs et au-dessus, la Caisse d'épargne délivre des titres au porteur portant intérêt. Ces titres représenteront, sans désignation particulière, les sommes prêtées par hypothèque. Ce seront donc des créances hypothécaires circulant facilement, librement, sans frais et formalités aucunes. Nous aurons une fois encore paré à un des inconvénients actuels de notre législation hypothécaire, qui rend les transferts presque impossibles et toujours si coûteux.

Je ne discuterai aucune des objections élevées contre les Caisses d'épargne par les adversaires de cette institution, elles ont été définitivement réfutées avec succès et bonheur [1] ; il n'y a plus à y revenir.

Les bases accessoires que j'établis pour mes Caisses d'épargne peuvent être appréciées à la lecture, je ne crois pas devoir en reparler.

DES CAISSES DE RETRAITE.

A l'égard des Caisses de retraite, on paraît encore une fois vouloir retomber dans les mêmes inconvé-

[1] A ce sujet, je recommande à tous les Comices agricoles la distribution comme prix d'un petit livre précieux, de M. L. Leclerc, *De la Caisse d'Épargne*, que l'on trouve à la librairie de la Maison rustique, rue Jacob, 26.

nients qui ont naguère fait gémir tant de malheureux
et imposé au pays de si durs sacrifices. Avec un
zèle très-louable, le Comité du travail prépare un
plan d'organisation de Caisse de retraite pour les travailleurs. J'applaudis à de pareilles idées ; mais, encore une fois, si les fonds que l'on pousse si incon-
sidérément à entrer dans le Trésor n'ont pas un
emploi fructueux, raisonné, déterminé, s'ils vien-
nent aussi s'immobiliser dans les caisses publiques
ou dans des travaux improductifs, songe-t-on bien
qu'on fait prendre au pays, au nom des plus nobles
sentiments, des engagements imprudents ; qu'on
rouvre d'un côté de plus l'abîme du déficit ? Car,
est-ce agir autrement, quand le Trésor payera 8 à
10 pour 100 d'intérêt pour des sommes qui servi-
ront à combler un déficit sans cesse renaissant, ou
seront employées à des travaux improductifs pendant
bien des années ?

Dans le projet que j'ai soumis plus haut au lec-
teur, l'Etat payera aussi, il est vrai, un intérêt de 8 à
10 pour 100 ; mais, d'un autre côté, il a l'emploi de ces
fonds, il peut les prêter à l'agriculture à 6 pour 100.
Dans le projet du Comité, le Trésor est à découvert
d'un intérêt de 8 pour 100 ; dans celui-ci, il n'est à
découvert que d'un intérêt de 2 pour 100, que le
chiffre des extinctions rendra très-facile à payer
avec les fonds de la Caisse de retraite.

Mon projet ne dépouille pas le survivant des deux
époux des économies qu'ils ont amassées ensemble ;
car s'il a atteint l'âge de cinquante-cinq ans, l'art. 21

lui garantit, sa vie durant, la moitié d'une rente viagère ; s'il n'a pas cinquante-cinq ans, il n'a qu'à
attendre cette époque pour jouir des bénéfices de
l'article 21.

Tant que le dépositaire n'a pas atteint cinquante-cinq ans, qu'en un mot la rente viagère
n'est pas constituée, la Caisse de retraite considère
comme dépôt les sommes versées, et, ne les regar-
dant pas comme siennes, en tient compte aux héritiers du déposant.

Qu'au contraire, ce dernier ait atteint l'âge de
cinquante-cinq ans, que la rente viagère soit constituée par le payement d'avance du premier trimestre, à son décès, le capital est acquis à la Caisse,
et c'est toute justice. Pourquoi la Caisse de retraite
serait-elle en dehors du droit commun ? La Caisse
qui paye déjà un intérêt viager supérieur à celui de
toutes les Compagnies sur la vie, qui apporte sa
puissante garantie au nom de l'Etat protecteur, favo-
riserait par privilége avec le capital de tous les intérêts
de quelques-uns. Et puis, si la Caisse de retraite de-
vait, au décès de ses déposants, rendre intégralement
aux héritiers les fonds qui lui ont été confiés, comme
quelques-uns le veulent, quelle perturbation cela
n'amènerait-il point dans mon institution ! A qui de-
mander ces fonds ? A l'Etat ? il ne garantit et ne doit
garantir que les arrérages. A la Caisse agricole ? mais
cette dernière a placé ces fonds à échéance fixe sur
titres hypothécaires. A la Caisse d'épargne? mais elle
a peu ou point de fonds disponibles. Il faut le recon-

naître, ce serait renverser la base fondamentale de l'institution entière que d'introduire une telle disposition. Si les déposants ne veulent pas voir leur capital s'éteindre après leur décès, qu'ils le déposent à la Caisse d'épargne ; qu'au contraire, il leur plaise augmenter dans leur vieillesse leur modeste revenu, la Caisse, si elle leur paye alors un intérêt considérable, doit en toute justice rendre reversible en sa faveur le capital primitif. Mais, dira-t-on, pourquoi borner à cinq mille francs les sommes déposées à la Caisse de retraite? Je répondrai que, si dans mes intentions la Caisse d'épargne est constituée pour favoriser la formation des petites sommes, la Caisse agricole le placement des petits capitaux, la Caisse de retraite doit à son tour assurer aux hommes économes les moyens de s'assurer au moins une pension alimentaire pour leurs vieux jours, et faire diminuer le nombre des malheureux condamnés à vivre dans leur vieillesse par la mendicité et à mourir à l'hôpital. Vouloir plus, recevoir plus de cinq mille francs dans les Caisses de retraite, ce serait encourager l'égoïsme particulier aux dépens de l'intérêt de la famille, et créer de riches fainéants. La loi civile, quant au contrat de rente viagère, conserve toutes ses dispositions. L'Etat n'a rien de plus à faire. Les sommes plus considérables doivent chercher et trouver par elles-mêmes des emplois utiles et profitables. Ceci prouve de plus que la Caisse de retraite éloigne toute idée spéculative, et qu'à l'encontre des réformateurs modernes, qui déclarent une guerre si acharnée au capital, elle voudrait faire de tous les enfants de la France une nation de capitalistes et de rentiers assurés du pain de la veille et de celui du lendemain.

En me résumant, je remets sous les yeux de mes lecteurs les prémisses de mon opuscule, et je leur demande : Suis-je resté fidèle en tous points aux buts que j'annonçais poursuivre?

« 1° Les Caisses d'épargne sont instituées pour fa-« ciliter les versements des petites économies. »

Mon institution favorise les versements par l'excitation des Caisses d'épargne et des Caisses de retraite. Il y a désormais double attrait, double attraction. Les petits capitaux mobiles, dont la disposition peut être demandée à chaque instant, trouveront leur placement assuré et à bref terme dans les Caisses d'épargne. Ceux au contraire dont les propriétaires pourront disposer à toujours, à fonds perdu pour ainsi dire, sans emploi ultérieur enfin, seront remis à la Caisse de retraite, et ceux-ci s'assureront envers eux-mêmes contre la dissipation de leurs sommes; et, par ce résultat, est atteint un autre but bien cher à chacun.

« 2° Assurer à tout homme honnête le moyen de « vieillir et de mourir chez lui au sein de sa famille, « en ne lui demandant qu'un léger sacrifice. »

De plus, la Caisse agricole ne reçoit-elle pas de suite des deux Caisses d'épargne et de retraite une alimentation considérable de fonds disponibles? L'institution, dès le lendemain de l'adoption de ma proposition, n'a-t-elle pas à sa disposition des capitaux considérables? Son succès n'est-il pas de suite assuré par ce nerf de toutes les entreprises, qui abonde dans les Caisses agricoles? Et dès lors est donnée

« 3° La direction aux capitaux vers la propriété
« foncière, aujourd'hui si riche et pourtant si dénuée
« de capitaux. »

J'ai décrit, pages 12 et 18, les vices principaux du prêt hypothécaire; je répète de nouveau que je n'ai pas en vue ici une nouvelle organisation du régime hypothécaire. A d'autres plus compétents, plus instruits, à chercher et trouver les remèdes. Qu'il me soit permis de dire seulement que, quant aux créances hypothécaires de 100 à 500 fr., mon projet rend leurs transferts faciles, peu coûteux et possibles, quand ils sont aujourd'hui difficiles, coûteux et presque impossibles.

_ En terminant, je ne puis m'empêcher de considérer mon projet dans son ensemble, au triple point de vue financier, moral et politique.

Au point de vue financier, quant à l'Etat, mon institution tarit une source de déficit constant; il lui donne, par les améliorations de la terre, un revenu nouveau; quant au pays, il arrache à l'usure des populations qui y sont vouées fatalement depuis des siècles, trouve une direction utile à des capitaux quelquefois sans emploi, quelquefois tournés vers des spéculations honteuses ou hasardeuses; fait naître au crédit des milliers de citoyens qui ignorent et ses bienfaits et sa puissance.

Au point de vue moral, cette direction des capi-

taux vers des régions inconnues où règne sans con-
teste l'usure, produira l'abaissement du taux de l'intérêt; l'intérêt à bas prix fait régner l'abondance et
le bon marché là où l'usure dévorait tous les profits
et augmentait le prix de revient de toutes choses;
donc l'intérêt à bas prix rend les populations plus
riches, et ramène le bonheur et la paix parmi tant de
familles qui se contentent de si peu pour être heu-
reuses.

Au point de vue politique, le projet réunit en un
seul faisceau le capital et le travail, concert indis-
pensable aux pays civilisés. Il rend solidaires deux
antagonistes qui ont et auront toujours intérêt à s'en-
tr'aider. La Caisse de retraite rend le sort de la classe
ouvrière des villes et des campagnes moins précaire,
résout en partie, à mon sens, le problème du paupérisme, puisqu'au moyen de faibles économies il as-
sure la subsistance de la vieillesse à chacun de nous
par un revenu assuré et régulier. Et, en un mot,
mon institution rallie au pays, à toujours, un groupe
important et nombreux de dignes travailleurs, qui
encouragent par leur exemple les plus jeunes dans
une carrière de dévouement, de travail et de labeur
constant.

Sortons enfin de l'étude, de la théorie, et, sans pa-
pier-monnaie, sans cours forcé, sans emprunts, fai-
sons pour notre agriculture du sérieux, du possible,
de l'utile, au lieu de phraséologie, de déclamations
et de paroles haineuses les uns envers les autres.

Je fais appel ici aux lumières spéciales ; qu'on étudie ce projet, et qu'on me dise si à l'instant même il n'est pas applicable. Je recevrai, avec la plus profonde reconnaissance, les avis, éclaircissements., communications, critiques et observations qui pourront en faciliter la mise en pratique. A chacun je répondrai avec bonheur, en appelant de toutes mes forces la discussion, qui ne pourra que m'apporter les lumières qui me manquent encore sur un sujet si grave, si profond et si intéressant à tous égards.

FIN.